AF351556

LUJÁN FRAIX

SEPTIEMBRE

DE LOS CUATRO VIENTOS

EDITORIAL

©Fraix, Luján

Septiembre-1ª ed.- Buenos Aires: De los Cuatro
Vientos, 2007

I.S.B.N   978-987-564-679-7

1. Poesía Argentina. I. Título

CDD A861

De los Cuatro Vientos Editorial

A mi primera admiradora,
A quien leía mis obras
Y estaba orgullosa de mi vocación...

Soy tu hija...

... pasarán los inviernos, los veintiuno de septiembre

y las tardes soleadas de estío,

pero aquel día de enero encantado

tan irreal como un sueño

en el que un duende puso su mano tibia

para iluminar mi alma por primera vez,

no volverá nunca.

Aquello fue como una ráfaga,

igual al principio de las cosas,

como ver a Dios…

1983

SEPTIEMBRE

"Mi vida quieta,
los ángeles y musas,
verdad de poeta."

La noche con memoria de paisaje

es ya ley sin retorno temerosa

y en la dimensión deja su mensaje

donde duerme la manta prodigiosa.

Caricias inmóviles y fugaces

azorado ensueño que sólo vela

la locura de emociones audaces,

pasividad del corazón que anhela.

Persigue la noche su sinfonía

con andar desnudo y emocionado,

es rítmico latido en trilogía

pasión, amor y credo enamorado.

Ya asoma septiembre con la llanura,
un poco más de soledad de viento
inagotable caudal, savia oscura,
de tibias entrañas, mi nacimiento.

1970

INFANCIA

Partir en cuerpo y alma,
partir.
Alejarme de la razón
y viajar
como una moribunda ausente
entre brotes de soledad
y espléndidos palacios de papel.
No tener edad ni dolor,
sólo una casa de colores
y una sonrisa grande
llena de música.

SOLAMENTE NIÑA

Cultivo racimos de uvas en las manos,

dibujo alas en mi cuerpo de niña

y me acerco a la orilla con mi nave

                              pequeña

a sentir las distancias pueriles,

ver las grietas de ese cielo de barrio

y las moradas de mi alma viviente.

Abrazo mi cuerpo todavía frágil

con un primer verso celestino

que abriga con improvisadas letras

mi traje de fantasmas bellos,

las raíces que labran la tierra

y nidos de ángeles que despiertan

                        con el albor de mis ojos negros.

Bendice la vida su cruz ancestral,

con una tea de rojo encendido

en un grito de corazón desbordado,

mi arte imperfecto con piel de resina

mi pluma y su historia,

mis pocos años,

el coraje

TIERRA DE PAISANOS

Tú me iluminas, tierra de pampeanos
en el calor fecundo de tus brazos
con fuego que te enciende y te alimenta,
con fuego, tu amo.

Tierra fértil, ardiente, despojada,
madre de las almas y del pasado
toma los años con vuelo de color
de aquellos sabios…

Con la llanura agreste por el aire,
lindan fervorosas tus blancas alas,
tiene en ti raíz la savia, en ti luces,
en ti quebrantos…

Es todo cima el vasto territorio,
y en ti busco la lucha de tus dueños
aire de vientos respira la gloria
en tus sembrados.

Ara de paisanos, tierra generosa,

tus verdades escucharé despierta,

porque son libres volarán sin rumbo

hacia la altura

MADRE, ESCRIBE…

Hoy regreso a la infancia atardecida

a leer en la nostalgia que ilumina

tu dulce abrazo con lumbre cansina

y el tañido cual cítara dormida.

A la noche, una farola encendida

evoca ya tu palabra divina,

es piel de mi alma, estrella matutina,

coraza de mi temor a la vida.

En tu ser mi vocación admirada

escucha la novena letanía

cuando tu amor es sombra inalcanzada.

¡Madre… iza de la tierra labrantía
la semilla de mi mano espigada
y habla con la letra de mi poesía

SAUCE Y RAYUELA

Soy el sostén y la savia de mis ramas
en sueño que reposa imperativo,
es artesano genial y castizo
que ya perfila un mañana emotivo.

Se deslizan imágenes fenicias
entre los poemarios y romanceros…
La fragilidad de un corazón triste
que llueve lágrimas de pasajero.

Vulnerable al latido de la vida,
sacrifico la infante algarabía
en busca de un anaquel misionero
para guardar mi esencia, la poesía.

Soy el sostén y la savia de mis ramas
y me hundo en un paraje de magnolias
para sentir albedrío de plumas
y despertar en brazos de la gloria.

MAÑANA

...y pasarán los años y los años,

habrá poesía porque existirá la primavera,

el pino irá creciendo…

Se pelearán los hombres y cantará el agua del río.

La brisa golpeará alguna roja mejilla

y la perezosa tortuga se quedará retraída…

Un amigo volverá desde lejos

mientras el heroico soldado

sentirá la Patria

en lo más hondo de su pecho.

Cultivaremos la tierra con denuedo

y la justicia ecuánime

mirará la muerte intempestiva.

Habrá destierro para los insanos

y llorará el arrabal ante el ajetreo

de la ciudad enhiesta.

El enigmático silencio

Cabalgará entre las sombras buscando víctimas

y se lamentará el payaso cansado de reír.

Tendremos que enmendar errores

ante la vorágine de los vicios

que aprisionarán las ideas,

pero siempre habrá sonrisas de colores

y lisonjas callejeras.

La magia con el almíbar endulzará la angustia

en el claustro de nuestras manías,

y aparecerá ese chiquilín

abrigado con el sol de la inocencia.

Habrá poetas y coplas,

testigos y milagros,

lazos de amor… y melodías

VUELO

A mi padre

Hombre bajo oscuros techos
que escribes tus memorias
en los caudalosos días.
Aún sientes la inocencia temprana
en tus manos de fértil labrador,
y envuelto
en la blanca nube de vapores
te entregas a la venturosa siesta
de tu arado.
Entre grutas y murallas,
peinas la roca,
alejas a la lumbrera de la noche,
entretejes tu vivienda
con ceibos, acacias y jazmines.
¡Omnipotente siervo de la tierra,
recoge las nocturnas horas
de tu soledad errante

y traza tu camino

sin cortar el aire tenebroso

ni dejar que el tiempo te consuma!

GÉNESIS

> *"Ceñida al cuerpo*
> *con moños color rosa*
> *vi un barco*
> *anclado en el mar".*

Niña,

Oculta en la multitud

que teje sus horas ciegas

ante la danza nocturna

del arte de componer.

Niña,

duende, que ya inventa estrellas

en el cielo que es testigo

de los sueños de princesa.

Su pluma cuenta los versos

en busca de una respuesta

cuando ya la historia abrasa

       con su rubor de centellas.

Muñeca viste tus alas

bajo el aire vulnerable,

ella reclama la magia

infinita de palabras.

Con su imaginación vive

    en el surco terrenal…,

son las pequeñitas manos

en su vuelo desbordante

a la vida consagrada

en un sitio memorial.

Niña,

viajera con destino,

cobijo de eternidad.

CÁLIDAMENTE...

Ése era el tiempo

y ésas eran las palabras del tiempo

en que un sol milagroso

tejía guirnaldas entre las grietas

de mi ventana.

Sus hilos de oro

rozaban mis mejillas

y hacían travesuras en mi imaginación

proyectando imágenes

como retratos de fuego.

En el espejo en el que me miraba

nunca era tarde,

pues el amor todopoderoso

formaba parte de mi refugio

en el árido camino de volar.

Hoy entre décadas, perfumes y soledades

a menudo encuentro hebras de calidez:

en mi casa grande,

en mi sueño de artista,

en querer ser feliz…

1980

La adusta perfección jamás se entrega
y el secreto ideal duerme en la sombra…
entre la armonía sagrada del intelecto
y el trémulo deseo del alma.
Despierta tras la inmortal ilusión
que brota como un rayo de fuego
e ilumina el corazón con rimas de oro.

MI SOMBRA

"Viejos cuentos
bajo la sombra del alero
en un tiempo paciente y sin heridas…"

Sombra cuna de mis horas,

realidad imperfecta,

caminas con mis pasos

con ritmo de carreta lenta.

Cuando estás sola

te abrazas a mi cuerpo

y tienes llama de farola

de mástil y de puerto.

Sombra custodia silenciosa,

tu desamparo es el mío

cuando el mutismo acecha

esperando mi llanto contenido.

Así eternizas mi alma

con tu lejana cercanía,

hermana de mi vida,

eres niña que sueña todavía

EL MIEDO

Como sable afilado entre la bruma
el miedo agudiza la sentencia,
arremete en sórdidos capítulos,
bendice su pasiva violencia.

Es temblor de oscura lejanía,
soledad del alma, finitud suicida,
muerte de espaldas a la vida,
hora que no avanza…
　　　　　vagón de melancolía.

El miedo tiene el coraje malherido,
cuando se nos aquieta la sangre
aparece su engañosa cobardía.

DÍAS GRISES

"No hay trampas para atrapar el afecto"
Mario Benedetti

Tu recuerdo está vivo,
habita en la niebla de un pobre secreto
que quiere escapar de las horas,
de la infinitud del espacio,
y dejar un estigma… tus ojos…

Sé que el tiempo borrará el camino
de espinas y rosas
y me quedaré sola
con tu mirada fría en mi alma.
Seré sombra, cofre de estrellas, fatiga…
Sin luz en mis labios,
sin retornos ni risas.

Lloraré detrás de las máscaras,
en la desnudez de la tarde

cincelada de fuego y misterio

y en el andén de la lumbre

veré un matiz claro y rosado:

aquella primavera

la que dibujaron tus pasos.

Tú te llevaste mi vida

y me dejaste en las sombras

de una agonía que pide consuelo

y sólo recibe tu ausencia.

Sé que puedo escribir tus palabras

de nuevo,

pintar la tibieza de un sol amarillo,

aunque tú ya no estés

y sólo escuche el eco de tu triste silencio.

LATIDOS

"Hay en mi corazón furias y penas"
Quevedo

Mi corazón espera también

     hacia la luz y hacia la vida

otro milagro de la primavera…

aunque parezca tarde

y me acurruque a la sombra de un muro,

entre la resonante promesa de mis palabras

y el estremecimiento vago de algún susurro.

Pero late el sonoro retumbar

     de un casi perdido recuerdo

que no ha dejado de vivir

pero que busca lentamente el cielo diáfano

entre el contorno plácido de las nubes de marfil.

QUISIERA...

Años…
	Tiempo recorrido.
Alas de una ilusión
que se durmió entre las nostalgias.
	Danza de muros infranqueables,
	puertas siempre cerradas,
	universo de sueños perdidos,
	espejos y miradas.

Quisiera…
	volver a mi puerto
		impregnada de instantes;
	caminar en el vacío
	como ruta imaginaria.
Salvación que añoro,
felicidad sin sonrisas…
Quisiera…
	Seguir despacio mi camino
		entre la miseria de los necios,

entre el egoísmo vano.

Irrepetible momento del presente,

huracán de silencios;

excitante sensación de ser

aunque el mundo excluya…

el sentimiento

CONTORNOS

Tiempo

hice una hoguera con tus edades

y borré el polvo de los caminos

dejando un humo blanco

de campanas y de idilios.

Enrojecida por las llamas

de aquel fuego sin futuro,

no supe lo que el tiempo se llevaba…

mientras caía triste

ese telón absurdo y lento

de minutos de nostalgia y pensamientos.

Hoy,

entre la estepa y el mar,

a corazón abierto,

deshojo silencios

con estrellas y perfumes de violetas.

SIEMPRE

Aunque pasen todos los días de mi vida

y recorra silenciosa calles olvidadas

dibujadas por vuelos y palabras.

Aunque Dios prolongue el mundo

o lo destruya en un instante,

arrastrando sólo símbolos y huellas

o tal vez nada.

Aunque deje de vivir

y descubra que las horas

son efímeras esferas

que giran en el cosmos

llevándose mi risa.

Aunque los años anticipen finales irrepetibles

en la calma o en la ceniza

que recoge el fuego de la espera.

Aunque me vuelva torbellino

en la perfección

o en el delirante parpadeo de ese caos

y quiera desaparecer

en la lejanía mística

de tus ojos imaginados.

Aunque el sol no brille en dos milenios

y siempre dolores divididos

detrás de un Dios oculto

entre los cuerpos y el espacio,

y el mañana sea sólo una eternidad

que grita poemas… y nadie escucha.

Aunque se borre el camino infinito y secreto

de tus pasos

y vuelva al otro día

a mi rincón querido a morir.

Allá… lejos,

aquí… sola.

¡Tú estarás siempre en mi corazón!

LA ROSA

Cuando se abre en la mañana

con sus llamaradas trémulas

entra el sol a deslumbrarse

con un rubor sin igual.

Los pétalos como pájaros

miran en muro invernal

brillando bajo las plumas

del gran florido pinar.

Cuando se duermen las aves

besa sus párpados finos

el deseo casi felino

de una mariposa coral.

Mas la noche ya se acerca

cruzando el agua bendita

y en los candelabros tenues

pierde la vida un fulgor.

La rosa polen de fuego

es sangre, tinta y dolor…,

que llora un adiós de niño

con dulce voz de cristal.
Y con aroma de mares,
sólo de bella mujer,
vuela en esa sombra fija
alma y pasión sideral

IRIS DE PRIMAVERA

Hoy las galas del invierno perdido
rebosan de jazmines la lumbrera,
dejan la sombra en la nieve postrera,
ya germina el color amanecido.

La barcarola de mástil florido
entre los mirlos es casta viajera,
escapa por las tunas y moreras
bautizando su tremolar vivido.

Mariposas de racimo fecundo
son burbujas en el trova del camino,
una asonancia vegetal al mundo.

Añejas profecías del destino
deshojan brotes de matiz profundo
esmerilando su efecto divino.

EXILIOS

Ahora sé que somos copias de un mismo enigma…

como el despertar de la luna matutina

en el sabio latir de los ensueños.

Estás presente en cada uno de mis pasos,

amarrado al vacío transformado en espejismo

que rechaza el misterio trémulo y relente

de misionero,

      víctima

           y testigo.

Cada mañana te invento y te dibujo…

porque puedo cincelar un horizonte

que busca fronteras

y descubre los cerrojos, la ausencia,

el miedo a una soledad que me lastima…

Ruego

      por tu vida y mi destino

      mientras desciendo a lo más hondo

      cual peregrino que escribe su historia

            inexistente;

creando bellas alas,

detrás de una llama que se extingue,

en un camino poblado de disfraces.

1990

ESTAR CONTIGO

Yo estaré allí donde tú quieras…
en el confín de la luz
y en el níveo resplandor
de mis ojos oscuros.

Estaré detrás de tu rayo azul,
en el secreto de tu mirada,
en la última palabra
que tiembla en la paz
de tus pensamientos.

Allí donde tú quieras te esperaré…
por el camino largo y viejo
de rosas blancas,
entre los fondos cálidos de mi alma.

NUESTRO SECRETO

Aquel día,

aquel día poseído de tristezas, de murmullos y de

aromas,

aquel día

bajo ese cielo claro sin limosnas ni pecados,

a mi lado

una ilusión diferente, cincelada y blanca

llena de secretos y distancias;

tan profunda como el fondo del océano,

tan lejana como el origen de la vida...

caminaba;

y la luna entera

cual sílfide aquietaba su arrullo almibarado en el

vértice del llanto;

y tu mirada

quieta, remota,

y mi figura

entre el olvido y el recuerdo,

sobre la grada de ese tiempo cruel

agigantada por tus pasos,

era una sombra imperturbable;

adagio mudo que dibujaba esquelas

pobladas de palabras limpias y bellas.

Tu mirada ideal,

tu mirada sola y perfecta.

Aquel día,

posesiva, mi alma

observaba la ausencia

desdoblada por los ensueños de las voces,

separada de mí misma

 por una cadena absurda de desvelos,

por el infinito sortilegio

de alguna sonriente ironía,

ciega, sola,

por el camino andaba...

Y se oía un estrepitoso sonido de palabras,

en el gris oro del otoño

y en el frívolo tintineo de los diálogos.

Sentí alegría. Era la alegría de una dicha pequeña

borrada, de repente, con el parpadeo fugaz

como arrastrados segundos

por las arenas del desierto;

era la alegría sufrida, era la dicha castigada,

era la alegría que rogaba.

Y tus ojos

adivinando los anhelos más deseados

me miraban

por los rincones yertos de los sabios pensamientos;

y mi alma con tu alma

dibujaban sutiles arabescos

en la noche que asomaba sus pícaros motivos

esa noche llena de murmullos,

de miedos y de lágrimas...

Tu mirada se marchó,

tu mirada se esfumó en el oleaje excitado,

y dejó sus ojos en el vuelo de mi eterna soledad.

¡Oh las palabras

 que en el infinito azul se abrazan a los sueños!

¡Oh las palabras

 que quizá nunca se llegarán a pronunciar!.

LEYENDAS

Nosotros los de antes ya no somos los mismos…

y un silencio pretérito de sombras

se entrelaza en el abismo de los días,

como un ángel de alas fugitivas

golpeado por un tiempo

       febril y sin razón.

Me gustaba recordar aquellos días

con duendes infantiles

jugando como niños;

quería despejar el alma del dolor de las heridas,

contar los latidos de mi corazón

con vuelo de gaviota,

entender por qué perdí la huella de tus pasos

en aquella noche de jazmines

cuando las horas eran espejismos

con cuerdas de reloj,

demoras y golpes de campana…

Hoy tengo todo el amor del alma dibujada

que cincela un horizonte

sin nieve ni silencio de capilla.

Tengo la paz de la mañana

que llueve lágrimas

en el verde de las plantas.

Soy un corazón con luz de fuego

y esclavo de las llamas

porque sabe que está vivo

     aunque haya sido inexorable

       su partida.

"DAR" COMO DESTINO

A través de mi tiempo de perdón,

la paz conduce mi viejo navío,

son mis ojos húmedos de rocío

que unen esos lazos en comunión.

Me siento viva con esa pasión,

ya las ausencias son eco tardío,

con los demás en un acto sombrío

vuelven los rencores a su estación.

"Dar" como principio es tal emoción,

aleja de la esclavitud el frío

del egoísmo vano y sin razón.

"Dar" como destino muy dentro mío

es sentir la paz en mi corazón

la tristeza se irá como va el río.

POEMA I

En el crepitar de la tarde

te dibujo lejano con el viento errante.

Desfilan los días como soldados,

la espera de verte es solamente mía.

Una paloma se lleva tu alma

y la candela vela las estrellas…

A veces, un susurro es un llamado

gritando mi voz que resuena…

Éste es tu lugar… ¿Por qué te alejas?

Aquí te amo.

Y en vano llueve mi melancolía,

sola de ti, lágrimas perdidas.

Me veo triste como las hojas secas

cuando el prisma tiñe las veredas.

Me cansa la espera inútil

de tu mirar azul, de tus ojos fijos…

Se calla la vida, se vuelve ausencia

y llega la noche con sus blancas liras

a llorar aquí tus secretos dormidos.

La luna esconde su vestidura fina

y tus ojos de cielo nada dicen.

Espero el dolor con tu silencio tardío;

tu nombre es tiempo que ya no vive.

Importa mi amor…

El tuyo no existe.

PLEGARIAS EN EL CAMINO

El futuro deshoja mis silencios

que desgranan en ramos de violetas,

ya la borrasca dicta la sentencia

la muerte anida con sus trampas quietas.

La soledad dispersa la palabra

en la sombra de mi piel aterida,

la alborada es un sueño que se labra

sobre la tierra silente y perdida.

La vida doblega su voz pasiva

cuando la noche enciende sus bujías

los ojos cierran a un adiós cautivo

de virgen sin niño ni melodía.

El éxtasis es fuego ya pasado

que llora olvido en sus blancos labios,

reza templanza en el espacio amado

de un largo invierno sin calendario.

ILUSORIO

Cuando el amor es verdadero es tan constante

que no hay nada que pueda reducirlo

a cenizas...

sólo si huye entre las hojas morenas

a buscar el sol de los estíos.

El creador vuelve de los templos

y resucita la vida

en el naufragio de mi existencia.

Renuncio a escuchar tus sílabas perdidas

por la apatía que traza la distancia

pero tu mirada sobrevive

en una sonrisa dibujada,

que se va en latidos de amor

a otros jardines terrenales,

a orillas del mar de Alfonsina...

y es criado

pródigo,

arrogante

e inválido.

Acá se borra con la bruma de los días

en el vivir lento y apurado.

Yo detengo ese camino

con un ceremonial desfallecido,

para mirar el cielo y el abismo.

Alguien me dice "adiós",

en cada lucerna,

en el silencio que quebranta las palabras,

y soy cautiva de tus ojos…

pero quedo emancipada

                    para siempre.

IMPERFECCIÓN
DE LO SENCILLO

Yo quiero que el hombre sea más humano,
yo quiero ser testigo y juez del cambio.

Quiero vivir el camino de un sueño
en el latido triste de mis ojos,

que la vida me muestre sus milagros,
que los años se queden de regreso;

que las estrellas derramen fulgores
y los luceros gobiernen la noche.

Puedo ver sombras recorrer las tapias
luchando junto al dolor de las almas.

Resisto al tiempo que trae añoranza,
a la felicidad que se deshoja…

Pero no quiero sentirme vencida

es prematuro recoger cenizas

AMORES

" El amor es un símbolo de eternidad.
Barre todo sentido del tiempo, destruye
todo recuerdo de un principio y todo
temor a un fin ".

Madame de Staël

Tiene el matiz de la libertad

sin límites cósmicos su andar.

La vida lo mira desde las heridas

con un lamento que no se va.

Tiene las llamas pobladas de canto.

Apóstol galeno es su guardián.

La vida lo mira. Es un mendigo errante.

La vida y la eternidad.

Tiene el rostro de miel sobre el filo helado.

Pájaro de viento sin igual.

El llanto se eleva entre sus milagros.

Sin velas ni timón puede escapar.

El mártir lo espera. La esclava
le trae mensajes de fidelidad.
Él tiene los ojos con reflejos oceánicos.
Él está solo y puede esperar.

Como lluvia de espuma borra el camino…
Alguien lo arroja al mar.
Aparece el miedo a quedarse sola,
infinitamente inmortal.

Prisionero del tiempo. Él es cautivo
que lastima y a veces da.
Su andar silente es fuego de paz.
La candela, su vestigio real.

Hasta que brote un sueño de estrellas,
es el amor secreto… ¡mi soledad!

A LO LEJOS

Sobre el cielo de nieve

Brilla el cansado pensamiento

que ahoga las lágrimas

y rocía

con tenues gotas el olvido…

Bellísima música lejana

con acordes celestiales.

Los labios ríen

como ríe la magia, la soberbia…

Una perdida estrella

me mira

entre la deliciosa armonía

de la luz.

Desgarrada en este mundo azul

de primavera

miro el horizonte vacío…

               la nada.

CONSUELO DE LUZ

Ya madura la tarde en la campiña,
Desteje el aljibe su roldana gris
y en compás de elixir primaveral
vuelve el tibio plumaje a sus moradas.

En las tapias dibuja el tornasol
sutiles pinceladas de latidos
cuando se tiñe nido y enramada
con el color sagrado de la vida.

La brisa perfumada de vergeles
es idilio, retazos de baldíos…
con velos nacarados por espejos
y arrullos de sus trinos en la alfalfa.

El himno ritual bebe las corolas
y duerme su estación de campanilla,
un alma de su litoral es pueblo
donde anida la raíz del ensueño.

LAS PALABRAS

Las palabras… Inevitables lazos
que se brindan a la sabiduría del encuentro.

Las apoyamos unas en otras
y escuchan sus voces.
Las recogemos del hondo latir
y respiran su magia de poetas.
Las descubrimos en la mirada de ese amor
y nos hablan con el alma.

Ya no buscamos la perfecta
porque solas encienden su fulgor,
en el vivir de cada hora,
en la oración de despedida…
Son testigos de la gracia del triunfo
y del porqué de los secretos.

HABLA LA VIDA

"Justo el día en que los silencios
buscan su historia
se escudan al borde del alma
mis infinitos momentos".

Obligada a la presente travesía

contemplo el tiempo y su desierto,

las violetas en noche de concierto

serán primavera añil y florecida.

La tarde ya se tiende fragmentada

en humildes trinos de gorriones,

la gata se entrega a sus pasiones

de tejas rojas perfumadas.

Mis días se diluyen dulcemente,

la vida hace luz en las moreras

es un oasis que ha escondido sus quimeras

para resguardar el alma mansamente.

Mis letras hacinadas por estrellas

son un corazón deshecho en ruinas

entre la piel de rosas purpurinas

y los relojes marcando mis huellas

NADIE

Nadie

fue capaz de buscar en los enigmas.

Seguimos las leyes de los años.

Permitimos que la muerte

nos cortara la esperanza.

Nadie quiso rebelarse

y volar hacia otro cielo,

desierto de muros,

abrigado de glicinas.

Nadie

encontró en la vida

la eterna felicidad.

A veces, estalla el tormento

de una burla inmóvil y enclavada.

Amargo llamado que lastima la piel

de los cobardes.

CANCIÓN DE MEDIANOCHE

Con la edad de la penumbra

lloran las almas en vela

no asoma el sol sino vuela

un ser de grises ropajes…

Fantasma de la espesura,

cómplice en la soledad,

la calle ve su verdad

del uno al otro andamiaje.

La dama en el mar vigila,

nube de plata lunar

que dispersa su mirar

con su pincelada azul,

y ve una figuras chinas

dormidas en la enramada

con las plumas despeinadas,

gorriones y un abedul…

Camina noche sombría,

sin dolor,

que ni la muerte tardía,

ni borrascas de alta mar

tu ruta van a quebrar

ni mitigar tu fulgor.

Qué es la noche sólo ausencia,

el vacío de un olvido,

la paz final implacable

de relojes abstraídos.

APENAS VIVIR

El oficio de ser una sombra frágil
-legado inacabable de ausencias y de encuentros-
es mi único oficio de existir.
Inventar sueños con geografías dispersas
y descubrir la esencia de una realidad inventada,
recoger alegrías, muertes y dolores divididos
y apenas ver
la vorágine de hechos paralelos
amarrados al mundo por imaginarias redes
y nacer tras la niebla que empaña nuestra fuente.
Descansar tranquilos y aferrados al encanto de
                              lo nuevo,
felices, atrapados en el cautiverio de un sueño
                              casi fugitivo
que nos atrapa en sus formas y nos descontrola.
Recorrer los testimonios del presente
entre versos de luto y filosofía
y creer y esperar con tanta fuerza;

y ver la tristeza merodear por su acostumbrada
periferia
en el olvidado universo de los pobres, de la caridad
y de los sabios.

AMOR CONFINADO

Horas pacíficas las de ese amor…

La luna cual pérgola vertical
al borde de los cirios perfumados…

Se agigantaban las aldeas marinas
con sueños y furias ancestrales
como milagro sobre las azoteas.
Ese mismo silencio religioso
hacía escenas con veneración,
se elevaba el amor dentro del alma
con la pena virtuosa y permisiva
y el peregrinar de las luciérnagas
era fogata de velas rubias
en el cañaveral de los plateros.

Aquella noche, las pléyades
derramaron luceros con su plata.
Caminábamos bajo los abrazos

por la piel blanca de las azucenas…
Amor de septiembre en su plenitud
que irradiaba visible transparencia
en el candelabro ocre de las plantas.

Estabas cercano, junto a mí,
sin bajel ni arrecife de coral;
habitabas una casa estuaria
labrada con tu martillo de cobre.

¡Por última vez se llevó el destino
nuestra verdad… a una verdad inmóvil

SÓLO FRASES

Donde vive tanto amor abandonado
desteje su negro envejecimiento
el miedo con su coraje suicida.
Los verdugos ignoran las heridas,
las víctimas sienten sus astillas,
los tristes añoran su gloria retirada
cuando el silencio y lo imposible
son espectros que danzan en la nada.
La vida se despide persuasiva
con el sopor de lúdico ejercicio
mientras la soledad es castigada
por alguien que abriga su ropaje.

Hay que aprender a fuerza de dolores
que no sirven de nada los mensajes;
querer tanto…, tanto amor…
               son sólo frases.

2000

IMPERIO

Los pasos
se ahuecan en el pórtico vacío
sin cristales ni presencias,
duerme la noche colmada de ausencias
en el desierto lecho ignorado.
Tras un final desesperado
de imperturbable gozo y amargura,
la tristeza busca la anchura
en aquel refugio sin tiempo.

Y yo ahí, serena,
más grande, más ciega,
llena de huellas,
a años de distancia,
con mi arcaico silencio.

MUJER…

Mujer… que hablas con los ojos,
      que ya existes en los otros,
      tu fuerte debilidad
      es vencida omnipotencia.

      Lloras como niña endeble
      y hablas con sabiduría,
      tú renuncias a la espera
      ante el frío de las palabras.

      Equilibrio de tus plantas,
      madre de los animales,
      tu gemela soledad
      es albor de los cantares.

      ¿Quién te enseñó
      el camino de los poetas
      cuando dormías pequeña
      en el ocaso de los alfabetos?.

Te has quedado detenida
a la sombra de las huertas
con tiempo para rumores
de tus lágrimas inciertas.

Tu pluma de pergamino
destierra las injusticias
y entre tus rimas dormita…
todo el resto de la vida.

Trovadora misteriosa
inmersa por los recodos
del gran arte bien nacido…
ya buscas la salvación.

Eres arcángel con lirios,
humildad de las violetas,
la primavera con alas
abrazada de estribillos.

Mujer…   que sientes

que nada has logrado…

Lo dijo él:

¡Mujer,

amor personificado!.

...cómo buscar un sendero

en plena oscuridad,

cómo acoplar el horror

ante la nada que vendrá,

cómo creer que estoy viva

si ya no puedo ni llorar,

cómo sentir alegría

cuando hay tanta soledad.

LA NOSTALGIA

En cada minuto un desafío
de horas de esperanza suspendidas,
el ayer, la nostalgia de la vida,
es pasado en perfecta geometría.

Los secretos ocultan su morada,
tras el tiempo recobran los sentidos,
la distancia, eslabón unido,
pedacito de existencia consagrada.

La nostalgia es pluma y es memoria,
historia, valores compartidos,
un ayer cautivo de rezos y suspiros.

BREVIARIO DEL ALMA

*"La noche viene cargada
con sus colinas de sombras."*

Federico García Lorca.

El fogaril encendía fragancias

en esa vastedad sin cascabeles

era un rubor de viejos arambeles

que batía la impalpable conciencia.

La voz, sólo un eco sin estridencias

arrebolada de sabor a mieles,

en vuelo prisionero de anaqueles

que clamaba portentosas vivencias.

Ya sin ver sus añosas nervaduras

esperaba el alba con sufrimiento

como un orfebre cuida la tersura.

Eran las tinieblas del pensamiento,

frío de las tapias en la espesura,

el grito desde el alma, un sentimiento.

EN EL MUELLE

"Y unos ojos marinos
con rostro de miel, sombríos,
recordarán el viaje…"

Sueño de mástiles dormidos en los puertos,

necesidad de quedarme anclada en la corriente

con la voz del tiempo esperando las gaviotas.

Mis ojos retornan al ayer en un espejo velado

cuando tiemblan tus palabras en mis manos

y la luna recoge su perfil de astros confinados.

Toda la noche busca olvidos en la luz de los faros

en esa oscuridad latente que anida en el frío

                         de la orilla.

El mundo suspendido es un piélago

con imaginarios vientos, pájaros libres

y la vigilia de mis brazos extendidos.

¡Amor ciego que llora el fin de los milagros,

sálvame del naufragio de mi alma!.

El puerto espera la ceniza en níveas mieles

cuando late un corazón que bebe rocas

con salitre y fuego,

que mira un horizonte multiplicado de estrellas,

que ve más allá de los vacíos

tu mirada azul, tu pena honda, tu infinito…

Mi memoria recobra los sentidos de la nada

y tu rostro desaparecido es sólo un nombre,

el musgo que crece cuando el exilio inventa…

las altas soledades o la humedad de los abismos.

Habitas en la huella de la tierra labrantía,

en la vastedad de las lágrimas,

en cada anochecer que madura sus colores

y en el día que desata la violencia de los mares.

¡Oh amor, tu puerto de aves es el mío,

déjame la santidad de tus alas

PLENITUD

Un lugar donde vivir,

bello refugio, paraíso…

Una escalera muda y sin retorno

y una voz que se escapa del silencio.

Espejismo desierto,

ecos de sílabas que dispersan su agonía…

Un lugar donde vivir,

de fuego, de risas,

de sueños que dibujan siluetas espigadas.

Pequeño edén, revelación que clama,

tallado en ese océano de islas celestiales.

Viento que hiere y resucita…

Y tu voz resuena, el mar se la lleva;

el alma brota de tus ojos sombríos

y me trae, cautiva,

a morir a esa soledad de cuentos

sin testigos ni puerto, vacía…

Un lugar donde vivir,

eclipse y espuma,

melodía de alas

y palmeras que musitan sus odas.

Allá en el horizonte imposible,

entre las caracolas y las gaviotas,

sin la prisión de tus palabras.

DESPUÉS EL CREPÚSCULO

Anochece…

Desde mi noctámbulo hábitat,
Cansada de soñar historias
veo la luz tenue de las horas,
los segundos de amor desordenados
en arrullante dialecto de poetas.
Quiero saber qué pasará mañana
detrás del artificio de las máscaras
cuando el tiempo ahogue la existencia
en sórdidos mensajes sin palabras.
La vida borra los nombres ilegibles
y pone su final a los tormentos,
a los combates de seres materiales,
caducos, grises y vacíos.
Desde mi noctámbulo hábitat
miro las pupilas blancas de cristal
en mi mundo sensible y palpitante
de idealizados silencios,
con retratos de sombras vagas

que quieren dibujar sus formas,

sus rostros fantasmas,

           sus furias, sus llantos…

Intento abandonar la oscuridad

y ver el surco que deja la centella

que cubre la tela rosa y clara

con rayos de cielo almibarado.

Cortaré ese lienzo de corazones abrazados

con el abrupto frenesí de los titanes

para saber

si estás allí junto a los muros

esperando una soledad más

           detrás de las miradas.

AMOR PRESENTE

Sentir la vida en las fotografías
es un acercamiento que la suerte
desnuda, en memoria, a la misma muerte
y devuelve en un minuto los días.

Retroceder el tiempo es espejismo
que trae lágrimas, sentimiento puro,
aquellas miradas de amor seguro
existen, mas lo separa un abismo.

Bajo el arca esclava de los cerrojos,
se vuelven visibles a nuestros ojos
porque el dolor no ha desaparecido.

En el álbum de fotos nuevamente
solo me mira igual un alma ausente
es amor presente, jamás olvido.

PALOMA BLANCA

A Nydia

El tiempo arrastraba tu vivir

y la oscuridad se cubría de un otoño

que seguía su marcha acostumbrada.

El grito de la borrasca

era apenas un murmullo

vano, desesperado…

como el triste final de tu partida.

De la tormenta se huye…

igual que lo hiciste tú

    entre las nubes

y las ansias de lejanía

eran sólo temblores de miedo

a esa misma ausencia tuya.

Las barcas sentían tu dolor

desde ese puerto colmado de palabras.

Estabas bella con tu llanto

combatiendo ante la fuerza de tus guerras,

con las alas resignadas

a dejar tu mundo desvalido.

Te fuiste con las sombras

mientras latía tu alma suplicando…

La victoria llegará después

    con los silencios,

cuando la helada soledad

te deposite una lira

entre tus alas

    de paloma blanca.

VIEJAS FLORES

En ese fulgor que lacera el viento
se escapa mi tristeza solitaria,
acuarela de una sutil plegaria,
tenue que no parece ser lamento.

Frágil, ya sin sueños. En el intento
de volver a la paz imaginaria
y encontrar en un amor solidario
un alma que guarde mi sentimiento.

En el vacío, carente de vuelo
no me cuida el abrazo de consuelo
ni es puerto la visión de la esperanza.

Estoy sola con mis desvelos pobres,
busco mis manos con sus viejas flores,
mis años y la primavera mansa.

TIEMPO...

Tiempo... verdugo implacable,

     testigo y juez del cambio,

     compañero de largas esperas

     en noches de cielo profundo.

     ¡Detiene tu marcha

     prisionero de tu viaje,

     omnipotente ciego

     y hacedor de vida...!

     Siempre dejas la palabra escrita

     y rubricas tu pensamiento

     con pluma de poeta anónimo.

Tiempo... déjanos en libertad,

     mira a los que sufren

     el destino de partir

     y descansa tus agujas

     de reloj acompasado.

     Tú que traes experiencias

     describe sus colores

y borra el gris atardecido

de los surcos

que tu mano soberana

talla en nuestra piel.

Tiempo… arquitecto de horas doradas

y de vuelo de lágrimas,

deja la guerra para otro tiempo

que no es el tuyo,

alumbra…

cobija tus párpados

en la prisión de tu encierro;

trae la sabiduría de la lucha,

lleva el grito inesperado de la herida

y camina muy despacio…

para que podamos seguir viviendo.

EN LA ALBORADA

Estoy suspendida ante la ceniza
de un crisol pasado, tal vez olvido…
Fue demasiado todo lo vivido,
las huellas ya borraron mi sonrisa.

Hoy puedo regresar sin tanta prisa
a aquel añoso patio amanecido,
veo polvo en un futuro indefinido,
esa condena que el minuto agrisa.

No quiero refugiarme en el quebranto
de noches con sus rencores y ausencias
y en himnos con voces sin melodías.

Se agotaron mis fuerzas y mis llantos
y en la alborada de la indiferencia
se ha dormido mi melancolía.

EL POETA

"Forjadores de espadas,
aquí está la palabra".

Juan Ramón Jiménez

La neblina de aquella pipa

olía a bares y sabiduría…

Cautivo, miraba pasar el tiempo

con ojos ambarinos y solemnes.

Recordaba la luz de sus momentos

como trinos de sus propios versos:

aquel café dulce de los encuentros,

el naranjal perfumado de la infancia,

el primer poema de fin de su ciclo,

los pueriles veintiuno de septiembre…

Minúsculos resultaban los días

que se dibujaban con pentagramas

en la prisión lírica de sus ideas,

y hablaba el vacío con castañuelas

que rasgaba las vestiduras finas

tratando de revivir su oratoria,

el rubor áureo, su memoria endeble…

La primavera

en la vida mansa del viejo poeta.

Este libro se terminó de imprimir en
EM Artes Gráficas en el mes de junio de 2007
Buenos Aires-Argentina.

www.ingramcontent.com/pod-product-compliance
Lightning Source LLC
Chambersburg PA
CBHW071918120726
48001CB00005B/1783